LES PLANS D'EAU
LES CANAUX
Un livre de la collection
Les racines de Crabtree
DOUGLAS BENDER
CRABTREE
Publishing Company
www.crabtreebooks.com

Soutien de l'école à la maison pour les parents, les gardiens et les enseignants

Ce livre aide les enfants à se développer grâce à la pratique de la lecture. Voici quelques exemples de questions pour aider le lecteur ou la lectrice à développer ses capacités de compréhension. Les suggestions de réponses sont indiquées en rouge.

Avant la lecture

- De quoi ce livre parle-t-il?
  - *Je pense que ce livre parle de l'eau et des canaux.*
  - *Je pense que ce livre parle de la façon dont les gens utilisent les canaux.*

- Qu'est-ce que je veux apprendre sur ce sujet?
  - *Je veux apprendre ce qu'est un canal.*
  - *Je veux savoir pourquoi les gens construisent des canaux.*

Pendant la lecture

- Je me demande pourquoi...
  - *Je me demande pourquoi il y a des barrages dans certains canaux.*
  - *Je me demande pourquoi les bateaux utilisent les canaux.*

- Qu'est-ce que j'ai appris jusqu'à présent?
  - *J'ai appris que les canaux peuvent aider à déplacer de l'eau jusqu'aux villes et aux fermes.*
  - *J'ai appris que les canaux sont construits par des gens.*

Après la lecture

- Nomme quelques détails que tu as retenus.
  - *J'ai appris que les canaux aident à relier les voies de navigation.*
  - *J'ai appris que certaines villes sont bâties très loin d'une source d'eau.*

- Lis le livre à nouveau et cherche les mots de vocabulaire.
  - *Je vois le mot* ***canal*** *à la page 3 et le mot* ***barrages*** *à la page 10. Les autres mots de vocabulaire se trouvent à la page 14.*

Ceci est un **canal**.

Les canaux sont construits par des gens.

De nombreux canaux aident à acheminer l'eau jusqu'aux **villes**.

Certains canaux aident à acheminer l'eau jusqu'aux fermes.

Il y a des **barrages** dans certains canaux.

Les bateaux peuvent utiliser la plupart des canaux!

Liste de mots

Mots courants

acheminer
aider
bateaux
ceci
certains
construits
dans
eau
est
fermes
nombreux
par
peuvent
sont
un
utiliser

La boîte à mots

barrages

canal

villes

44 mots

Ceci est un **canal**.

Les canaux sont construits par des gens.

De nombreux canaux aident à acheminer l'eau jusqu'aux **villes**.

Certains canaux aident à acheminer l'eau jusqu'aux fermes.

Il y a des **barrages** dans certains canaux.

Les bateaux peuvent utiliser la plupart des canaux!

Auteur : Douglas Bender
Conception : Rhea Wallace
Développement de la série :
James Earley
Correctrice : Janine Deschenes
Conseils pédagogiques :
Marie Lemke M.Ed.
Traduction : Annie Evearts
Coordinatrice à l'impression :
Katherine Berti
Références photographiques :
Shutterstock : Solarisys : couverture; Mikhail Starodubuv : p. 1; tetiana_u : p. 3, 14; Chockdee Permploysiri : p. 5, 14; RatFace : p. 6; Anton Havelaar : p. 8-9; Frank Legros : p. 11, 14; JaySi: p. 13

Crabtree Publishing Company

www.crabtreebooks.com 1-800-387-7650

Publié aux États-Unis
Crabtree Publishing
347 Fifth Avenue
Suite 1402-145
New York, NY, 10016

Publié au Canada
Crabtree Publishing
616 Welland Ave.
St. Catharines, Ontario
L2M 5V6

Imprimé au Canada/082021/CPC

Catalogage avant publication de Bibliothèque et Archives Canada

Titre: Les canaux / Douglas Bender ; texte français d'Annie Evearts.
Autres titres: Canals. Français.
Noms: Bender, Douglas, auteur.
Description: Mention de collection: Les plans d'eau | Les racines de Crabtree | Traduction de : Canals. | Comprend un index.
Identifiants: Canadiana (livre imprimé) 2021026165X | Canadiana (livre numérique) 20210261692 | ISBN 9781039603875 (couverture souple) | ISBN 9781039603936 (HTML) | ISBN 9781039603998 (EPUB) | ISBN 9781039604056 (livre numérique avec narration)
Vedettes-matière: RVM: Canaux—Ouvrages pour la jeunesse. | RVMGF: Documents pour la jeunesse.
Classification: LCC HE526 .B4614 2022 | CDD j386/.4—dc23